新津县城『就它的形势说，岷江、西河、南河前后环绕，天社、修觉诸峰峙于前，鹤鸣接于右，牧马环卫于左，很富「襟山带川」的雄壮之观。』

——**顾颉刚《新津游记》**

图书在版编目（CIP）数据

新津印记：新津历史地名集萃/新津县文化体育和旅游局，新津县政协文史委编. —成都：巴蜀书社，2018.6

ISBN 978-7-5531-0997-8

Ⅰ. ①新… Ⅱ. ①新… ②新… Ⅲ. ①历史地名－新津县 Ⅳ. ①K928.6

中国版本图书馆CIP数据核字（2018）第118631号

新津印记——新津历史地名集萃
XINJINYINJI—XINJINLISHIDIMINGJICUI

新津县文化体育和旅游局
新 津 县 政 协 文 史 委 编

责任编辑　张裕闻 田苗苗
出　　版　巴蜀书社
　　　　　成都市槐树街2号　邮编 610031
　　　　　总编室电话：（028）86259397
网　　址　www.bsbook.com
发　　行　巴蜀书社
　　　　　发行科电话：（028）86259422　86259423
经　　销　新华书店
照　　排　成都完美科技有限责任公司
印　　刷　成都市金雅迪彩色印刷有限公司
版　　次　2019年10月第1版
印　　次　2019年10月第1次印刷
成品尺寸　210mm x 285mm
印　　张　15
书　　号　ISBN 978-7-5531-0997-8
定　　价　280元

编纂委员会名单

新津 XINJIN

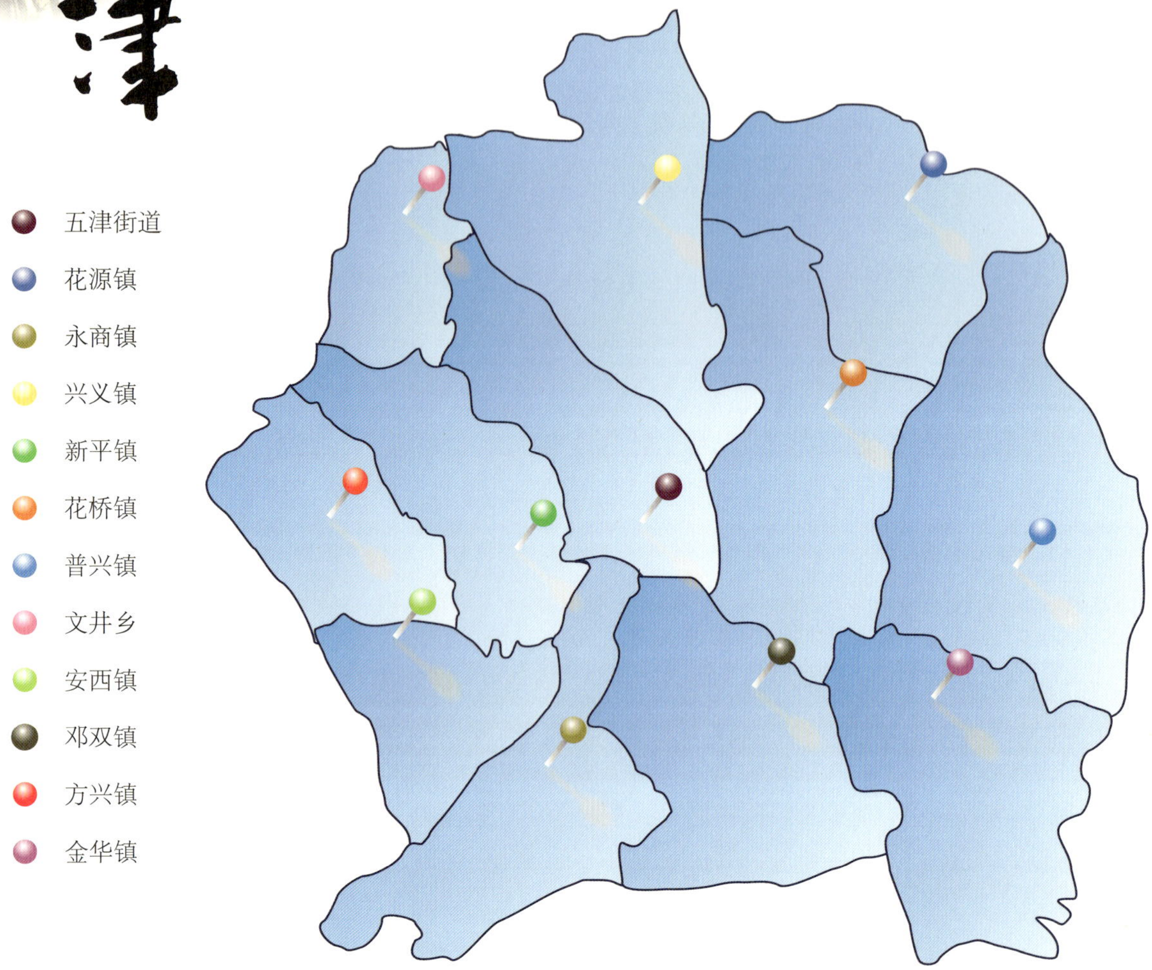

图川审(2019)271号

五津街道

五津街道位于新津县中部，现为新津县人民政府所在地，街道辖12个社区，1个行政村，辖区面积21.9平方公里。

五津街道即原五津镇(1992-2014)、原武阳镇(1980-1992)、原城关镇(1949-1980)、原城厢镇(民国)。流经新津的西河、南河、金马河、羊马河、杨柳河在镇东南郊汇入岷江正流，五津街道因五河汇聚而得其名，昔为蜀南水上丝绸之路必经要口、成都南路第一水陆码头、川南地区重要的物资集散之地，现为新津县政治、经济、文化、交通中心。

花源镇

花源镇位于新津县东北端，紧邻双流县。辖8个行政村，3个社区，辖区面积32.6平方公里。

花源镇(原花园乡)，依花园场而得名。据县志记载，花园场始建于清雍正十年(1732)，传为明蜀王花园所在地。

永商镇

永商镇位于新津县城西南部，镇区西南与邛崃市毗邻，南与彭山县接壤。下辖6个行政村，3个社区，辖区面积33.3平方公里。

永商镇，以永兴场和商隆场首字组合命名，现为成都市历史文化名镇。其中永兴场地理位置优越，邻县彭山、邛崃、蒲江农副产品在此集散，交易极盛，俗云“填不饱的永兴场”，是县境西南部重要农贸中心市场。

兴义镇

兴义镇位于新津县城北侧，北接崇州市。镇域北宽南窄，略呈扇形。辖10个行政村、2个社区，辖区面积为39.32平方公里。

兴义镇(原兴义乡)，1958年建立兴义人民公社，取“兴盛仁义”之意。相传关羽曾率军于该地安营扎寨，此后，乡民将此地唤作“歇马店”。关羽节义千秋，兴义镇名称亦与此有关。

新平镇

新平镇位于新津县城西部，西接大邑县，下辖8个行政村，1个社区，辖区面积26.46平方公里。

新平镇(原太平乡)，驻地太平场，古为成都通雅州、炉藏要道，以人民盼望过太平日子而得名。

花桥镇

花桥镇位于县境东北部，镇区西南紧邻县城区，三面临河(东依杨柳河、西靠金马河、南临岷江)，下辖7个行政村，2个社区，辖区面积33.6平方公里。

花桥镇依花桥场而得名。花桥场古名肇兴场，后据场口附近一石刻花纹图案拱桥，改称花桥场。花桥镇古为南丝绸之路一大驿站，是川西坝子蚕丝交易的一大商贸集镇，古以“花桥蚕市”“驿路桑荫”景观闻名。

普兴镇

普兴镇位于新津县东北部，东北接双流县，全镇辖11个行政村，辖区面积42平方公里。

普兴镇(原普兴乡)，名称源自普兴场。普兴场原名卧龙场，清道光年间因遭火灾烧毁后迁今址重建，取普遍兴旺之意而命名。

文井乡

文井乡位于新津县西北端，乡境西北与大邑县、崇州市接壤。下辖3个行政村，1个社区，辖区面积13.09平方公里。

文井乡因文井江穿境而过而得名。文井乡属平坝区，是典型的农业之乡，有“张场的鱼儿肥、李柏村的梨脆，大明村稻米香，玉龙村土鸡优”之称。

安西镇

安西镇位于新津县城西南，西与邛崃市接壤。下辖5个行政村，全镇辖区面积15.31平方公里。

安西镇(原铁溪乡)，依境内铁溪河得此名。传说三国时期，诸葛亮曾在此河边铸铁制造兵器，故名铁溪河。安西镇名称则来源于安西场，取安定新津西境之意。

邓双镇

邓双镇地处新津县城南，南与彭山县接壤，全镇辖8个行政村，1个社区，辖区面积28.6平方公里。

邓双镇(原邓双乡)，因境内有邓公、双河两场，取两场名之首字连接成乡(镇)名。

方兴镇

方兴镇位于县境正西端，地处新津、大邑、邛崃三县(市)交界处，呈斜长方形，下辖3个行政村，2个社区，辖区面积19.6平方公里。

方兴镇(原方兴乡)，因境内方兴场而得名，取场镇(方井寺)兴旺繁荣之意。宋时，新津有“方井镇”建制。宋《元丰九域志》记载“新津有新穿、方井二镇”。明成化三年，于方井镇上兴建方井寺，后遂以方井寺代指方兴场。

金华镇

金华镇位于县境东南端，东邻双流县，南接彭山县。下辖9个行政村，辖区面积35.25平方公里。

金华镇，据称因境内金花庙而名，金花庙后演变为金花场(今岳店子)，“花”“华”旧时通用，金华镇因此得名。

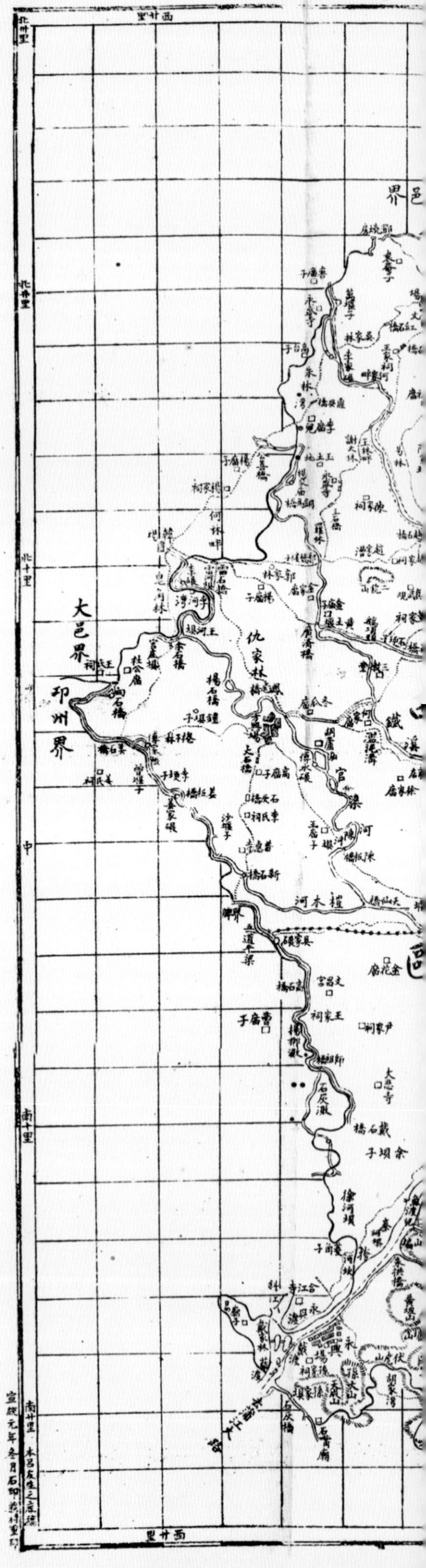

■该图由四川大学图书馆提供

图川审(2019)271号

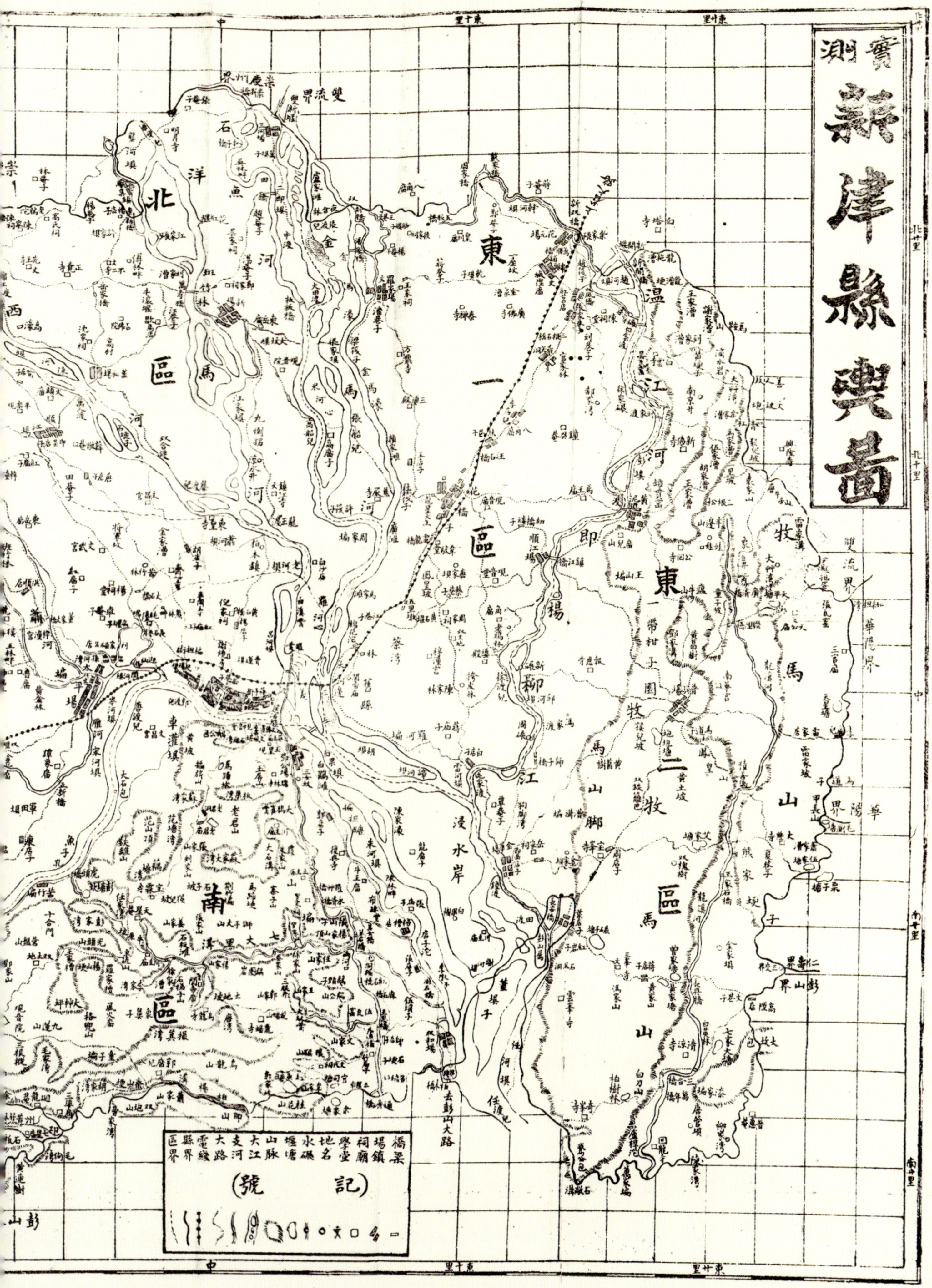

實測新津縣輿圖
記號
橋梁
場鎮
祠廟
學堂
地名
水碾
堰塘
山脈
大江
支河
大路
電線
縣界
區界
去彭山大路

前言

新津历史地名集萃

XINJINLISHIDIMINGJICUI

XINJINYINJI

新津印记

PREFACE

新津，平畴沃野，山水相依，历史悠久，人文厚重，拥有4500年的文明史，1460多年的建县史，素有“蓉城南路第一景，川西名胜上河图”的美誉。千百年来，这座因水而生、因水而兴的城市，文脉相续，底蕴深厚。4500多年前，就有人类生活、繁衍于此，孕育了光辉灿烂的宝墩文明。秦始皇统一中国后，分天下为36郡，蜀郡是其一，新津属蜀郡。汉武帝建元六年，开西南夷，分巴、蜀，置犍为郡，新津地属犍为郡。北周孝闵帝元年，分隆山县北部置新津县，县亦因“新渡口”而名“新津县”，新津县自此定名。1000多年来，由于朝代更迭，各个时代行政建制不一，新津县先后分属犍为郡、益州、蜀郡、蜀州、唐安郡、崇庆府、崇庆州、成都府、温江专区、眉山专区、成都市等，但新津县名从未变更。悠久的历史和多年来的建设发展，在新津形成了丰富的特色文化资源。

千百年来，历史和文化的甘露，滋润着新津这片美丽富饶的大地。淳朴善良、勤劳智慧的新津人民代代创造，世世传咏，形成了灿烂绚丽的地方文化，也孕育出丰富厚重的历史地名。历史地名是一座城市历史文化的“活化石”，展现了一座城市的文化底蕴，蕴含着城市的“文化基因”，承载着一个地区的历史文明，具有十分重要的价值和意义。它在标指人文地理实体和自然地理实体的同时，也喻示着历史上的重大事件、社会变迁、民族交融、宗教信仰、经济发展等状况，既有鲜明的时代特征，又具有相当的稳定性。透过一个城市的地名，就可以清晰的感受到它的历史脉络和文明变迁。纵观新津地名，千百年来，它们交错层叠，依次镶嵌在城市发展变迁的沧桑画卷上，塑造出一幅纷繁绚丽的文化景观。

加强新津历史地名保护，是挖掘新津历史文化的现实需要，是传承新津城市文化的内在要求。为传承及弘扬新津的老地名，有效保护“新津记忆”，讲得出故事，留得住乡愁，按照成都市历史地名保护名录编制工作的统一安排部署，在新津县各镇乡历史地名实地调查基础上，新津县文化体育和旅游局、新津县政协文史委全面收集汇总新津县相关史志及地名普查资料（涉及《新津县志（1989）》《新津县志（1986—2005）》《新津文史资料》《四川省新津县地名录》《新津民俗志》《新津县交通志》《四川省新津县水利电力志》《四川省新津县武阳镇志》等22本史志文献资料），并积极运用第三次全国文物普查、文化地标设置工作成果，整理编撰形成了《新津印记——新津历史地名集萃》。

《新津印记——新津历史地名集萃》以古政区、街巷作为重点，兼顾历史建筑、名胜古迹和山水形胜等，共收录新津县历史地名201处，其中政区类历史地名30处，街巷类历史地名22处，山水形胜类历史地名53处，名胜古迹类历史地名38处，建筑类历史地名58处。这些地名因名人或古遗址得名，或因宗族姓氏得名，或因水系桥梁得名，或因庙观祠堂得名等，见证了新津城市的发展变迁，承载了丰富的历史、地理和文化内涵，是新津历史文化的凝结和保留。

《新津印记——新津历史地名集萃》较为全面梳理了新津县域内具有保护和传承价值的历史地名，有利于展示新津发展历程，传承历史文脉，彰显城市个性，为我县历史地名的保护与利用工作提供了数据支撑，为进一步推动新津县文化大发展大繁荣，为建设“成南副中心，滨江公园城”提供强有力的文化支撑。

目录

新津历史地名集萃
XINJINYINJI
XINJINLISHIDIMINGJICUI

新津印记

CONTENTS

政区类 | ZHENGQULEI

街巷类 | JIEXIANGLEI

山水形胜类 | SHANSHUIXINGSHENGLEI

名胜古迹类 MINGSHENGGUJILEI

历史建筑类 | LISHIJIANZHULEI

XINJINLISHIDIMING
ZHENGQULEI

新津印记

XINJINYINJI

XINJINLISHIDIMINGJICUI

新津历史地名集萃

新津历史地名

政区类

新津故事——一段古老传奇

IMPRESSION OF ANCIENT TOWN

商隆场

新津印记

商隆场位于永商镇商隆村，场名取商业兴隆之意。1913年，乡民牟三在路侧建房屋，后乡邻次第兴建，逐渐形成百米街道。1915年，正式命名为商隆场，为民国时期永商乡公署驻地。商隆场曾是永商镇政治、经济、文化中心，也是永商镇第二大农副产品集散地，是全县知名度较高的场镇之一。

普兴场

IMPRESSION OF ANCIENT TOWN

新津故事——一段古老传奇

新津印记

普兴场位于新津县东北普兴镇，地处牧马山上。清道光时期，龙溪河岸“卧龙场”发生火灾，全场被毁，乃迁此重建。为避免灾祸，求得普遍兴旺，更名为普兴场，渐发展成为牧马山中部的重要集镇。中华人民共和国成立后，普兴乡（镇）人民政府驻此。

新津印记

新津故事——一段古老传奇

IMPRESSION OF ANCIENT TOWN

花桥场

花桥场亦名花桥梓，得名于场中石桥饰刻花草图案，明末始建，清乾隆年间扩建，为新津重要乡场，曾有“首场”之称。花桥场位于川藏大道，临金马河，交通便利，商贾蜂拥蚁聚。清时农历三月蚕桑交易最盛，俗称花桥蚕市，为清代“新津十二景”之一。

新津故事——一段古老传奇

IMPRESSION OF ANCIENT TOWN

邓公场

新津印记

邓公场得名于当地民间传说。相传古时场上人家轮流顿供一孤寡老人，“顿供”谐音为邓公，场名由是流传。邓公场临岷江，旧时为岷江中游著名水码头——邓市码头。场头有建于西汉末年古堰“通济堰”，古时此地为五津之皂里津，因码头繁荣，形成远近闻名的“新津市”。北周孝闵帝元年（557），因“新津市”而设新津县，县治就设在邓公场，长达50年。可见，邓公场乃新津县发祥地。

新津故事——一段古老传奇

六水门

IMPRESSION OF ANCIENT TOWN

新津印记

六水门位于邓双镇邓公场，是公元前141年西汉蜀郡太守文翁创建的大型有坝引水工程，后世又有浦江大堰、馨堰、通济堰、远济堰等多个名称。《华阳国志》有“浦江大堰，灌郡下，六门”。郦道元《水经注》：“此县浦江为大堰，开穴水门，用灌郡下。”后，“六水门”由堰名变为地名，指邓公场一带。

新津印记

新津印记
XINJINYINJI
XINJINLISHIDIMINGJICUI
新津历史地名集萃
新津印记

新津县

新津县位于四川盆地西部、成都平原南部边缘。东连双流，西接邛崃、大邑，南临彭山，北毗崇州，涵牧马山脊西部、长秋山北部及两山相邻西北的平原部分。新津县建置以来，区域变化不大，全县辖区面积330平方公里。

新津即新的渡口，新津县得名本此。东汉建安21年(216)，犍为太守李严“乃凿天社山，循江通车道”以后，今五河汇流处始成为沟通成都平原与眉嘉平原的新渡口，代替了汉安桥。新渡口日益繁荣，逐渐成为新的集市，称新津市。北周孝闵帝元年(557)分隆山县北部置新津县，县亦因“新津市”而名“新津县”，沿袭至今。

五津街道

五津街道位于新津县中部，现为新津县人民政府所在地，街道辖12个社区，1个行政村，辖区面积21.9平方公里。

五津街道即原五津镇(1992-2014)、原武阳镇(1980-1992)、原城关镇(1949-1980)、原城厢镇(民国)。流经新津的西河、南河、金马河、羊马河、杨柳河在镇东南郊汇入岷江正流，五津街道因五河汇聚而得其名，昔为蜀南水上丝绸之路必经要口、成都南路第一水陆码头、川南地区重要的物资集散之地，现为新津县政治、经济、文化、交通中心。

新津印记

花源镇

花源镇位于新津县东北端，紧邻双流县。辖8个行政村，3个社区，辖区面积32.6平方公里。

花源镇（原花园乡），依花园场而得名。据县志记载，花园场始建于清雍正十年（1732），传为明蜀王花园所在地。

永商镇

永商镇位于新津县城西南部，镇区西南与邛崍市毗邻，南与彭山县接壤。下辖6个行政村，3个社区，辖区面积33.3平方公里。

永商镇，以永兴场和商隆场首字组合命名，现为成都市历史文化名镇。其中永兴场地理位置优越，邻县彭山、邛崍、蒲江农副产品在此集散，交易极盛，俗云"填不饱的永兴场"，是县境西南部重要农贸中心市场。

兴义镇

兴义镇位于新津县城北侧，北接崇州市。镇域北宽南窄，略呈扇形。辖10个行政村、2个社区，辖区面积39.32平方公里。

兴义镇（原兴义乡），1958年建立兴义人民公社，取“兴盛仁义”之意。相传关羽曾率军于该地安营扎寨，此后，乡民将此地唤作“歇马店”。关羽节义千秋，兴义镇名称亦与此有关。

新平镇

新平镇位于新津县城西部，西接大邑县，下辖8个行政村，1个社区，辖区面积26.46平方公里。

新平镇（原太平乡），驻地太平场，古为成都通雅州、炉藏要道，以人民盼望过太平日子而得名。

花桥镇

花桥镇位于县境东北部，镇区西南紧邻县城区，三面临河（东依杨柳河、西靠金马河、南临岷江），下辖7个行政村，2个社区，辖区面积33.6平方公里。

花桥镇依花桥场而得名。花桥场古名肇兴场，后据场口附近一石刻花纹图案拱桥，改称花桥场。花桥镇古为南丝绸之路一大驿站，是川西坝子蚕丝交易的一大商贸集镇，古以“花桥蚕市”“驿路桑荫”景观闻名。

普兴镇

普兴镇位于新津县东北部，东北接双流县，全镇辖11个行政村，辖区面积42平方公里。

普兴镇（原普兴乡），名称来源于普兴场。普兴场原名卧龙场，清道光年间因遭火灾烧毁后迁今址重建，取普遍兴旺之意而命名。

文井乡

文井乡位于新津县西北端，乡境西北与大邑县、崇州市接壤。下辖3个行政村，1个社区，辖区面积13.09平方公里。

文井乡因文井江穿境而过而得名。文井乡属平坝区，是典型的农业之乡，有“张场的鱼儿肥、李柏村的梨脆，大明村稻米香，玉龙村土鸡优”之称。

安西镇

安西镇位于新津县城西南，西与邛崃市接壤。下辖5个行政村，全镇辖区15.31平方公里。

安西镇（原铁溪乡），依境内铁溪河得此名。传说三国时期，诸葛亮曾在此河边铸铁制造兵器，故名铁溪河。安西镇名称则来源于安西场，取安定新津西境之意。

邓双镇

邓双镇地处新津县城南，南与彭山县接壤，全镇辖8个行政村，1个社区，辖区面积28.6平方公里。

邓双镇(原邓双乡)，因境内有邓公、双河二场，取两场名之首字连接成乡(镇)名。

方兴镇

方兴镇位于县境正西端，地处新津、大邑、邛崃三县(市)交界处，呈斜长方形，下辖3个行政村，2个社区，辖区面积19.6平方公里。

方兴镇(原方兴乡)，因境内方兴场而得名，取场镇(方井寺)兴旺繁荣之意。宋时，新津有“方井镇”建制。宋《元丰九域志》记载“新津有新穿、方井二镇”。明成化三年，于方井镇上兴建方井寺，后遂以方井寺代指方兴场。

金华镇

金华镇位于县境东南端，东邻双流县，南接彭山县。下辖9个行政村，辖区面积35.25平方公里。

金华镇名称来源是因境内金花庙而得名，金花庙后演变为金花场(今岳店子)，“花”“华”旧时通用，金华镇因此得名。

永兴场

永兴场位于新津县西南永商镇，邻南河。因境内曾有老虎出没，故名猫猫场，后改为永兴场，取“永远兴旺”之意。该处地理位置优越，邻县彭山、邛崃、蒲江农副产品在此集散，交易极盛，俗云：“填不饱的永兴场。”是县境西南部重要农贸中心市场。

罗家场

罗家场位于花源镇共和村。清代兴起的集市，因罗姓居民居多而得名。中华人民共和国成立后废市为村，曾为花源共和大队驻地。

兴场

兴场位于新津县北部兴义镇，距县城北10公里，当新津至崇州要道。

兴场为新津县北重要集镇。清乾隆时初建于金马河岸边(今田渡)，后在金马、羊马两河间往返迁徙。道光初年，复迁至羊马河边，该集市因系新建，故名新场，后又更“新”为“兴”，取兴旺之意。中华人民共和国成立后，兴义镇政府驻地在此。

三合场

三合场位于兴义镇三合村，邻金马河，地处新津、双流、崇州三县交界之处。原为集市，每逢场集，热闹拥挤，故称“三汇场”，又名“三合场”。

万和场

位于兴义镇万河村。古名望河场，明崇祯年间始建，清咸丰年间因水灾被毁，同治年间获重建，取“天地人和，万家兴旺”之意。万和场因位置偏僻，交通不便，于1941年后渐被废弃。后演变为自然村名(万和村)。

张场

张场位于新津县西北文井乡，东临西河，地处崇州、大邑、新津三县交界处，为县西北重要集镇。

清康熙年间建场，即命名为张家场，简称张场。中华人民共和国成立后，文井乡人民政府驻此。位于张场下街的文井中心校，抗战时期曾是中共新津吴张支部的驻地。著名革命烈士肖汝霖曾以该校教员的身份作掩护开展革命活动。而该校教员郭绍成、曾淑群、蔡静娴、吕克辉等奔赴延安，投身革命。

太平场

太平场位于新平镇太平场社区，为古代成都通炉藏要道。

太平场以人们盼望过太平日子得名。背依晏河，水路连通县城，地缘极富优势。此处清时商业繁盛，花纱交易年达百万两银，堪称川西花纱交易重镇，由此衍生银钱、茶旅、餐饮等诸样商业，一时繁华无两，故太平场清时为新津首场。

五津场（旧县）

五津场位于花桥镇黄桷树社区，通过一、二、三号桥与县城连接。

因地处五河（南河、西河、金马河、羊马河、杨柳河）汇合之处得名五津场。隋大业二年(606)新津改属蜀郡时，新津县治曾迁于此。唐垂拱二年(686)县治迁今五津街道后，俗称旧县。清代曾于此设“塘汛”。清末于该地建有驻兵营房。

安西场

安西场位于县城西南，古为成都通炉藏要道。

安西场位于新津西侧，与邛崃羊安相邻。该地地处新津、邛崃两县交界处，旧时抢劫违法案件甚为严重，1941年将此场定名为安西场，取安定新津西境之意。

串头铺

串头铺位于花源镇串头村。

古为铺递所，现已废市为村。中华人民共和国成立初期，串头铺街商贾云集，商贸繁盛，每逢赶场日，热闹非凡。后因川藏公路改道，串头铺集市逐渐衰落。

花园场

花园场位于新津县东北部花源镇，处新津、双流两县交界处。

因曾为“明蜀王花园地”，故名。花园场宋代时属新穿镇，清代时属长乐乡场镇，民国时为花关镇公所驻地。中华人民共和国成立后为花园乡人民政府驻地。清末民初，花园场地处成都与新津交通要道，加之农副产品在此集散，商贸繁盛，以“周姓老盐店”和“大昌旅店”最为出名。

双河场

双河场位于邓双镇双河村，原为集市，清康熙年建场，并设柏林铺于附近。因位于陈壕(岷江汛期冲刷的支流)与岷江汇合处得名。

XINJINLISHIDIMING
JIEXIANGLEI

新津印记

XINJINYINJI

新津历史地名集萃

新津历史地名

街巷卷

光眼镜中心 原华光眼镜行 现已迁至南鑫公寓门市营
美好纯净水
青山装饰
做生日蛋糕

新津故事——一段古老传奇

IMPRESSION OF ANCIENT TOWN

模范街

模范街亦称正北街、津范路、书院巷。1933年书院巷的路面、房屋被整修一新，颇具典范街道风貌，因此更名为模范街。北起原新津县电影院（荣达大厦），南止步行桥广场，全长400米。

183

新津故事—一段古老传奇

IMPRESSION OF ANCIENT TOWN

西仓街

新津印记

西仓街东起模范街，西止惠丰街，全长700米，宽10米。因清朝时期曾在此地设堆谷仓库，这条街又地处城市西部，故称西仓巷子。1950年底更名为西仓街。

复兴街

新津印记

复兴街，南起于正东街百花堂药店，北止于模范街邮电大楼，全长390米，宽10米。中华人民共和国成立前，此街因不是主要街道而被称为后街，亦称当铺街。1951年取民族复兴之意，更名为复兴街。

新津故事——一段古老传奇

IMPRESSION OF ANCIENT TOWN

正东街

正东街西起于模范街被服厂，东止于新民街，全长360米，宽12米。

中华人民共和国成立前，此街名为正街，中华人民共和国成立后因位于县城老十字街口以东，故得名东街。1981年地名普查时，又以县城东门为界，东门以内的这条街名为正东街，东门以外的街叫外东街。

新津印记

新津故事——一段古老传奇

IMPRESSION OF ANCIENT TOWN

正西街

此街系新津县城的一条老街，因位于县城老十字街口以西，中华人民共和国成立时得名西街。1981年地名普查时因其位于县城西门以东老十字街口以西，县政府更名为正西街。街道东起于模范街步行桥，西止于惠丰路，全长1000米，宽7米。

外西街

IMPRESSION OF ANCIENT TOWN

新津故事——一段古老传奇

此街系县城的一条老街，因位于县城老十字街口以西，建国时得名西街。1981年地名普查时因其位于县城西门以西（以外），老十字街口以西，县政府更名为外西街。街道东起于惠丰路，南止于南河边玻璃厂，全长600米，宽8米。

新津故事——一段古老传奇

IMPRESSION OF ANCIENT TOWN

自由巷

新津印记

新津印记

中华人民共和国成立前，此巷为林姓住宅区，曾名林巷子。中华人民共和国成立后，为纪念新津解放，1951年更名为自由巷。街巷北起于外西街，南止于南河北岸，全长260米，宽1.5米。

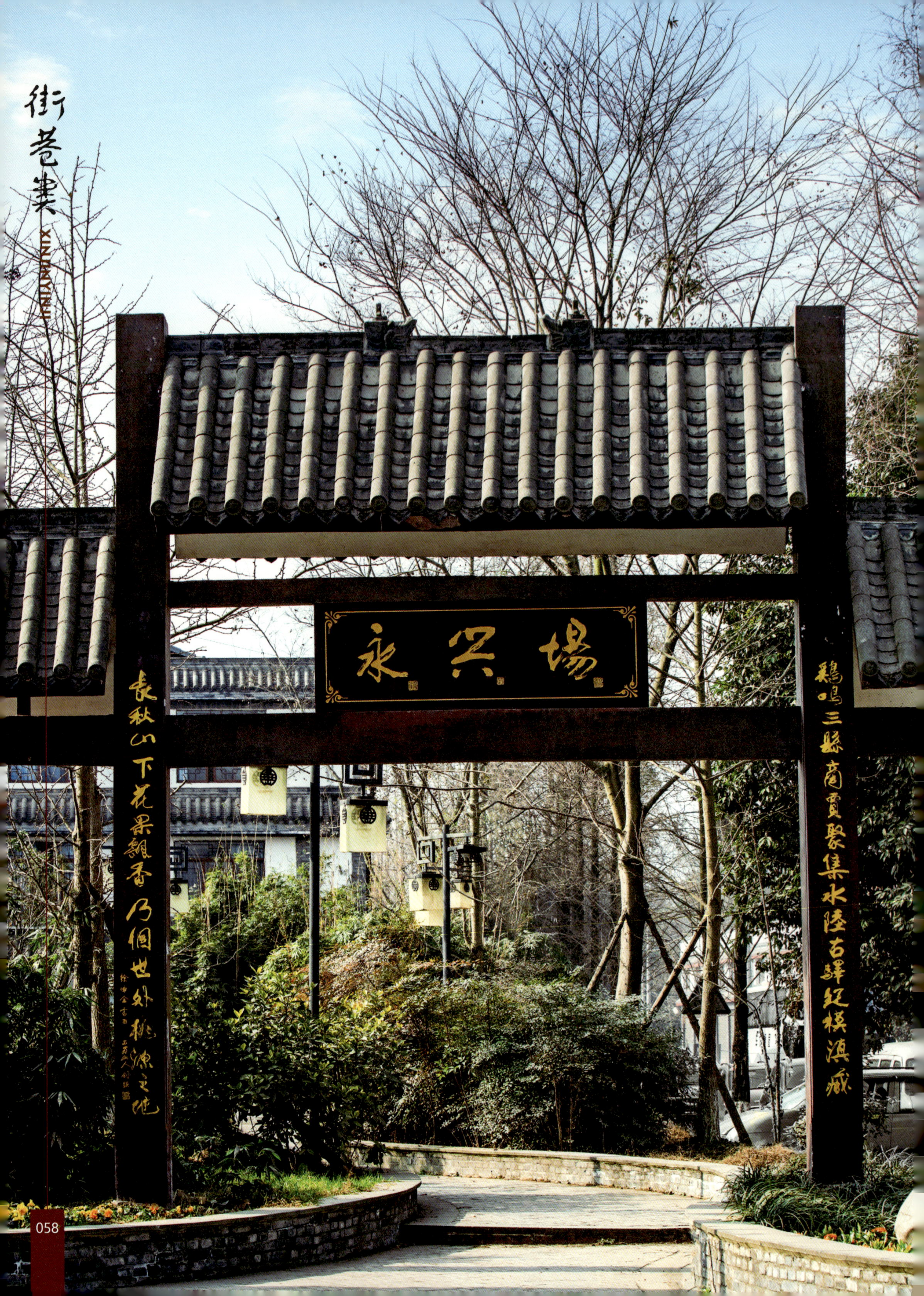
永興場
長秋山下花果飄香乃個世外桃源之地
鷄鳴三縣商賈聚集水陸古驛縱橫滇藏

新津故事——一段古老传奇

IMPRESSION OF ANCIENT TOWN

建设街

新津印记

建设街位于新津县永商镇永兴社区，是永兴场的一条主街，背依长秋山，长约半里，街房多建于清末民初，风貌颇饶川西情致。街南头集散物资，交易极盛，享誉附近州县，俗语云“填不饱的永兴场”。此缘于永兴场地理优势，永兴场接壤彭山、邛崃，勾连蒲江、大邑，又兼永兴场右侧，临南河连通县城，水程悠悠，商贾蜂拥蚁聚，为新津县南一景。

新津

新津故事——一段古老传奇

太平街

IMPRESSION OF ANCIENT TOWN

新津印记

太平街位于新平镇太平场社区，故称太平小幺店，兴起于清初，繁荣于清末，民国时衰败。太平街为太平场主街，长约半里，通街川西民居。此街昔年商业繁盛，花纱交易年达百万两银，堪称川西花纱交易重镇，由此衍生银钱、茶旅、餐饮等诸样商业，一时繁华无俩，故太平场清朝时为新津首场。太平街因水而活，因商而兴，对研究本地区古镇文化、码头文化、商埠文化等具有重要价值。

绿水青山

新津印记

东顺河街

新津印记

街名始于1951年，因位于大水南门渡口以东且紧邻南河，而得名。街道与正东街、外东街平行，西起于步行桥，东止于横江街连接处，全长500米，宽7米。

新津印记

沁心苑
川A SN457

千

新津印记

新津故事——一段古老传奇

西顺河街

IMPRESSION OF ANCIENT TOWN

新津印记

街名始于1951年，因位于大水南门渡口以西，且紧邻南河而得名。街道与正东街、外东街平行，东起于模范街口步行桥，西止于金三角广场，全长1500米，宽5米。

外东街

外东街位于县城东门以东(以外)。西起于新民街,东止于武阳南街,全长420米,宽11米。

1981年以前,该街名为下外东街,1981年地名普查时,县政府将此街更名为外东街。

横江街

横江街北起于外东街,南止于东顺河街北端,全长61米,宽7米。

1951年,因此街道和岷江支流南河相垂直,街南端紧邻南河,故名横江街。

郫江街

郫江街西起于横江街,东止于武阳南路,全长450米,宽5米。

郫江街得名于街东侧别称郫江的金马河。《新津县志》(道光版)载“金马河即皂江,古之郫江,岷江正流也”。《武阳镇志》(1983年版)载“清道光时,知县宋灏有《郫江馆地图记》”。清道光时,此街东端临江处,曾建有一座郫江馆。街西侧为东门大码头,清末设有川省盐务局,服务川西七县,覆盖人口百万。旧时东门大码头泊满船筏,舟楫林立,货运极盛,所谓新津港大抵指此。

新民街

新民街原是东城门外向北的一条曲折小巷。南起于正东街房管局，北止于胜利街，全长210米，宽6米。

街名蕴含新街归人民所有之意。此街在1945年前为一空坝，后逐渐成为一条居民街，1951年为庆祝新津县解放更名为新民街。

林园路

林园路北起于五津东路，南止于武阳中路，全长300米，宽12米。

此路原为顺江乡城北村林姓墓地，故名林园巷，1992年更名为林园路。

解放巷

解放巷北起武阳西海林宾馆，南止于外西街民政局，全长300米，宽25米。

中华人民共和国成立前此巷曾名红光巷、武庙巷，因巷子南端巷口处，古时建有武庙一座（供奉关羽、岳飞塑像）。中华人民共和国成立后，为庆祝新津解放而更今名。

民族巷

民族巷北起外西街，南止于西顺河街，全长60米，宽2米。

清乾隆年间，此巷北段巷口处，建有一座武庙(供奉关羽、岳飞塑像)，武庙大门外有春秋楼，故名春秋巷。中华人民共和国成立后为庆祝新津解放，祝愿各族人民大团结而更今名。

胜利街

胜利街为外东街北侧半环形小街，南起于新民街，北止于外东街，全长160米，宽6米。

中华人民共和国成立前，此街有不少居民从事竹编工艺，竹制品以竹筷较多，故得名筷子街。中华人民共和国成立后为庆祝解放而更名为胜利街。

扁担街

扁担街东起儒林路向北延伸处，西止儒林路向西延伸400米，全长400米，宽20米。

扁担街肇兴于明代，为新津至崇州间通衢。其路径为县城出西门，经扁担街，至文井张家场，入崇州境。此道因挑夫多至此小憩，俗称扁担街。此街至清末民国间仍为要道，客旅络绎，见证旧时社会生活。

桥津上街

桥津上街南起于黄桷树，北止于民航飞行学院，全长600米，宽21米。原称五津上街，原五津镇(旧县)的五津街上段。

桥津下街

桥津下街北起黄桷树南至牛奶场，全长560米，宽12米。原称五津下街，原五津镇(旧县)的五津街下段。

XINJINLISHIDIMING
SHANSHUIXINGSHENGLEI

新津印记

XINJINYINJI

新津历史地名集萃

XINJINLISHIDIMINGJICUI

新津历史地名

山水形胜卷

新津故事——一段古老传奇

三渡水

IMPRESSION OF ANCIENT TOWN

三渡水是横跨西河、羊马河、金马河的渡口,居“六诏通津、炉藏要道”上,是新津、邛崃、雅安、康藏通往成都的必经渡口。西河、金马河、羊马河纵贯县东,中间沙洲,历三渡始达康庄,古称“大江三渡”,俗称“三渡水”。此渡曾是岷江水运枢纽,亦为川藏大道要冲。三渡江阔水清,舟楫帆影往不绝,颇具江南情致。然流急滩险,秋水洪乏,三渡并归,渡河如历险境,遂有民谣叹:“走遍天下路,难过新津渡,过了新津渡,耽搁十里路。”随着1960年横跨西河、羊马河、金马河的三座公路桥建成,大江三渡即告结束。

新津印记

老君山
道門廣大難度不

新津故事——一段古老传奇

老君山

IMPRESSION OF ANCIENT TOWN

新津印记

老君山，古称天社山，又因产野稻稠粳，亦名稠粳山，海拔617米，孤峰秀出，气象庄严。山顶古柏森森，常有烟云缭绕，邑人呼为稠粳出云，为新津“清代十二景”之一。此景可占卜晴雨，俗语云：老君山雾霭沉沉，鱼翅孔万丈多深。东汉汉安年间，张道陵于此地传道，设立稠粳治，为道教廿四治之一。唐代时山顶建老君观，此山渐成道教文化名山，山名遂以老君山行世。

道经初地
六通四辟大化周流
万壑羣山環居拱衛

道教三祖聖山 老子歸隱聖地

功德碑
功德碑

新津故事——一段古老传奇

马鞍山

IMPRESSION OF ANCIENT TOWN

新津印记

马鞍山位于永商镇梨花村梨花溪景区内，因山形似一马鞍而得名。

新津印记

新津印记

新津故事——一段古老传奇

西河

IMPRESSION OF ANCIENT TOWN

新津印记

西河古名文井江，源于崇州市西北。西河由崇州市三江镇的蒙渡流入新津县境，经文井乡、五津街道、兴义镇，在龙王渡附近由羊马河汇入，至百溪堰处与金马河合流。河道在新津境内长10.5公里。据《四川省新津县水利电力志》记载，西河即文井江下流也，文井江至元通场经崇庆州西北而南下，入新津界与羊马河合，入岷江，通谓之西河。

新津印记

新津印记

新津故事——一段古老传奇

南河

IMPRESSION OF ANCIENT TOWN

新津印記

南河，古名赤水河，源于邛崃山脉的正西山麓，由蔡渡入新津县永商镇，流经永商、安西、新平、邓双等镇及五津街道，在通济堰下汇入岷江。在新津境内有铁溪河、桤木河、千功河、石头河四支流汇入南河。

新津故事——一段古老传奇

IMPRESSION OF ANCIENT TOWN

金马河

新津印记

金马河经都江堰、温江、崇州、双流,在三合场东侧流入新津县境,流经兴义镇、花源镇、花桥镇、五津街道,在通济堰附近与南河、西河合流,以下称岷江。金马河在县境长13公里。金马河古名郫江、皂江,又名皂里江、皂里水,属于岷江正流。

新津故事——一段古老传奇

IMPRESSION OF ANCIENT TOWN

羊马河

新津印记

羊马河古称羊摩江，界于金马河、黑石河之间，属岷江中游上段由北向南的河流。清末，因岷江水患，羊马河成为岷江正流，是当时都江堰重要的排洪河道，能通航，故曾名“羊马大河”。羊马河经崇州市三江镇大桑树进入新津县境内，流经兴义镇，在范河心处汇入西河，河道在新津县境内长9.5公里。

新津印记

新津印记

新津故事——一段古老的传奇

IMPRESSION OF ANCIENT TOWN

杨柳河

新津印记

杨柳河为都江堰干渠江安河的支流。民间传说有杨家小伙儿和柳家姑娘的爱情故事。杨柳河由双流入新津县境，流经花源、普兴、花桥、金华等镇，沿牧马山麓经毛家渡入岷江，河道在新津县境内长17公里。

新津故事——一段古老传奇

楠木林

IMPRESSION OF ANCIENT TOWN

新津印记

楠木林位于永商镇永兴社区。该地曾因楠木树较多而得名。据传说，1949年初，楠木林曾有上百株树径达尺余的楠木树，沿南河排列成行，非常壮观。

楠木林的数量正在减少，目前只剩3棵

车灌坝俗称车荒坝，位于永商镇，处南河与长秋山之间，与县城隔水相望。中华人民共和国成立前，该地全靠水车从南河中取水灌溉，故名。车灌坝是冲积平原，土壤肥沃，是典型的川西河坝。此地田野清秀，一望弥涯，间有茅舍、竹林点缀，颇有一带烟坝之妙。旧时，该地为红糖之乡，十分富足，所以俗云：“车荒坝，三年不涨水，放牛娃都要穿绸子。”

新津故事——一段古老传奇

IMPRESSION OF ANCIENT TOWN

车灌坝

新津印记

九倒拐

九倒拐位于永商镇九莲村，因道路形状而得名。该处为九莲村村民上九莲山的必经之道，以道路崎岖险要闻名，后因建设红豆山公墓被毁(现已消失)。

斑竹林位于兴义镇兴场社区，原名李家斑竹林，清乾隆年间，该地一李姓举人在此植造了136亩斑竹，因而得名。斑竹林临羊马河，一弯流水，万竿修竹，古楠蔽日，百鸟祥集，生态优良，风景秀丽，为成都腹心地带唯一市级森林公园。

新津故事——一段古老传奇

斑竹林

IMPRESSION OF ANCIENT TOWN

新津印记

新津故事——一段古老传奇

白鹤林

IMPRESSION OF ANCIENT TOWN

白鹤林位于方兴镇白鹤村。清朝时，原名为王白鹤林，因此处有王姓宅院，周围林深树密，树干参天，以青杠、柏树为主。常有成群的白鹤栖息树上，故得此名。中华人民共和国成立后，更名为白鹤林，后演变为自然村名。

修觉山

IMPRESSION OF ANCIENT TOWN

新津故事——一段古老传奇

新津印记

修觉山，曾名宝资山、宝华山，地处岷江东岸，位于新津县邓双镇金龙村。明代曹学佺著《蜀中名胜记》载：“……宝华山，横跨江表，俯瞰平川，取物华天宝之义也。峰顶多雪，又曰雪峰。”唐代，神秀禅师曾结庐于此。

修觉山为川西著名文化山，山上有四庙一亭（白观音庙、修觉寺、宝华寺、玉皇观、纪胜亭）。绝壁、古柏、灵泉、白塔、诗碑、岩刻、殿宇、竹树交相辉映，景致变化纷呈。唐代诗人杜甫，宋代陆游、苏辙、范成大，明代散文家钟惺等名家在此流连忘返，留下了传世的佳作名篇。明末崇祯六年（1633），墨绘斋刻本《中国名山录》，搜罗入选50座天下名山，修觉山位列第45位。

文峰山位于邓双镇文山村，据传，该地有文姓学子考中贡生，为作纪念，用其姓氏命名此山。

新津故事——一段古老传奇

文峰山

IMPRESSION OF ANCIENT TOWN

新津印记

新津故事——一段古老传奇

IMPRESSION OF ANCIENT TOWN

商隆渡口

新津印记

商隆渡口位于安西镇永丰村，因渡口南接永商镇商隆场而得名。该渡口为商隆、永兴至太平、新津县城极其重要的水上要道。原渡口北岸码头有一灯杆，故商隆渡口又称灯杆码头。

新津故事——一段古老传奇

IMPRESSION OF ANCIENT TOWN

皇坟山

新津印记

皇坟山，位于普兴镇前锋村，为明代庆符恭僖王朱友琿墓所在地，故名。

新津故事——一段古老传奇

IMPRESSION OF ANCIENT TOWN

霍家湾

新津印记

霍家湾，位于花源镇柳河社区，因霍姓聚居而得名。2010年，该地修建成为金科·廊桥水乡住宅区。

新津故事——一段古老传奇

IMPRESSION OF ANCIENT TOWN

鱼翅孔

新津印记

鱼翅孔是南河极其重要的一部分，亦称鱼子孔。因地处南河南岸，水深鱼多，故名。又因东岸山体斜伸入河，似鱼鳍，故名鱼翅孔。民谚有“鱼翅孔万丈深”的说法。鱼翅孔自古有“鱼仓”之称，足以说明当时水产品的丰富。

新津印记

新津故事——一段古老传奇

蔡家渡

IMPRESSION OF ANCIENT TOWN

新津印记

蔡家渡位于永商镇永兴社区，地处南河新津段上游区域一渡口，原为蔡姓所设，故称蔡家渡或蔡渡。该渡口是邛崃牟礼镇（原牟礼乡）到永兴场赶集的重要渡口，也是永兴场对外交流的重要口岸之一。

周河心

周河心位于新平镇迎先村，此地居民周姓居多，又临南河，因此得名。

白鹤林

白鹤林位于新平镇仙鹤社区，纯阳观侧。因此地柏树林中常有白鹤栖息，故名。

南河渡口

南河渡口位于五津街道（原五津镇）步行桥处。即大水南门渡口，渡口存在期间由新津县搬运公司管理，用木船往返载客，后改为机动船。2001年1月19日步行桥建成通行后，该渡口停渡。

黄泥坝

黄泥渡位于普兴镇新坝村。黄泥坝又名烂泥坝，该地四季积水不断，泥深不可测，人行田坡动颤，倒影随波起落，是一片名副其实的蒲草田，百亩蒲草丛生，水芦篙朝天，茨菰苗纵横，耕耘种植困难，有民谣称“卯时野鸡叫，蛇鳝进洞摇，青蛙随出入，飞蝗虫成群，白天太阳晒，夜晚月照明，坝泥生杂草，陆百亩田无收成”。

雷家坡

雷家坡位于普兴镇雷坡村，东接双流永安街道（原永安镇）。该地雷姓人居多，故名。从坡脚到坡顶，约有五百米的软脚坡，是新津到胡家坝的必经之路。中华人民共和国成立前，雷家坡一带常有土匪出没，抢劫过往商人。

六根松

六根松位于普兴镇前锋村。中华人民共和国成立前该地有两棵奇松，发杈，形如六根松树，故名。

汤河湾

汤河湾位于文井乡李柏村、大明村。在李柏村和大明村交界处，因有一灌渠在此处转弯，呈U状，距此不远处有一汤姓林盘，故名汤河湾。

张巷子

张巷子位于花源镇柳河社区，因此地原为一古街巷，居民多以张姓为主，故名。该处现已开发建成了华楠半岛、万辰柳庄、金秋乐园等房地产项目。

梁筏子

梁筏子位于花源镇梁筏村，亦称梁筏渡，此处为金马河上一渡口，过往行人多靠竹筏摆渡，附近居民梁姓居多，故名。

官家林

官家林位于花源镇官林村。据传古时此地有乡民出仕为官，为作纪念而命名。官家林曾为花源镇官林大队驻地。

黄土堰

黄土堰位于双石村西侧、方兴镇与大新公路连接处。因当地土质为黄黏土，附近又有拦取铁溪河水灌溉方兴镇土地的提堰而得名。

象鼻子山

象鼻子山位于永商镇烽火村，依山形得名。为新津县境内最高峰，海拔672.9米。

广滩

广滩位于兴义镇广滩村。广滩为金马河兴义段一渡口，是兴义镇通往花桥镇的重要水上通道。相传，1881年马家渡停渡，为方便行人，广姓人在此摆渡，故名广滩渡口，简称“广滩”。

牧马山

牧马山地处成都平原南部，纵跨双流、新津、彭山三县，长约三十五公里，宽约十公里。新津县花源、普兴、金华三镇位于牧马山西侧。牧马山，汉代时名谊城山、女儿山。相传蜀汉政权时期诸葛亮曾在此屯兵牧马，此山遂易名牧马山，并沿用至今。清代，牧马山出产的旱地作物驰名西川，是蜀地重要农作物产区。“牧马秋成”为“清代新津十二景”之一。

蛇形林

蛇形林位于花桥镇长春村，因此地原有一片狭长弯曲的荒草林，形状似蛇，故名。

墨水塘

墨水塘位于永商镇望江社区。因该地有两个水塘并列形似墨盘，其中一个水塘中央有一泓清泉，深不见底，泉水呈墨色，酷似盘中墨汁，故而叫墨水塘。

宝墩子

宝墩子位于新平镇宝墩村，有一圆形土堆，其上为汉代砖室墓，故名。通过考古发掘证实，宝墩子为宝墩遗址内城墙的一部分，也是宝墩村、宝墩遗址、宝墩文化的名称来源。

油石坡

油石坡位于永商镇梨花村梨花溪景区。因此地有灰色砂岩，光洁细润，故而得名油石坡。

周巷子

周巷子，位于永商镇望江社区9组。该地道路两边周姓人家栽植了浓密的毛竹，形成了宽敞阴凉的巷道，因此得名。

唐渡口

唐渡口位于永商镇望江社区。因渡口岸上有多户唐姓人家居住而得名。该渡口是永商镇南河两岸摆渡去太平场必经的重要渡口。2010年后，该地成为商业用地，与附近的筒林盘、椿颠林一起打造成为老码头特色文化街区。

田渡

田渡位于兴义镇田渡村，因该渡口周围居民以田姓人居多，渡口亦由田姓人摆渡，过河的人们不用出钱，这里的渡船被誉为“田义渡”或“田渡”。

黄泥渡

黄泥渡位于普兴镇，别名安仁桥。因清末黄姓人在此地杨柳河上设义渡得名。

陈麻雀林

陈麻雀林位于文井乡，因该处原为陈姓人家聚居的林盘，因树木茂盛，常年有上万只麻雀栖宿于此而得名。

白果坝

白果坝位于金华镇岳店子岷江西岸白果村，北与邓双镇季河坝隔河相望，西、南与邓双镇新桥、董河隔河相邻。相传此名由蜀汉大将张飞所取，该地有一大片白果林，故得名白果坝，后演变为自然村落名（1983年正式命名为白果村）。

卧牛山

卧牛山位于普兴镇五峰村境内，毗邻黄渡，因山形得名。该山由五座山峰组成，远望如牛卧睡，长约一公里，故名卧牛山。

罗山埇

罗山埇位于邓双镇罗山村，因罗姓人家聚居的山坡地，背依长秋山，故名。

文山埇

文山埇位于邓双镇文山村，因文姓人家聚居的山坡地，故名。

双土地

双土地位于花桥镇东南部，东邻杨柳河，南与长春村相接，西与新津机场相邻，北与龚巷村、马王村接壤。此地供奉了两座土地神像，故名。

酸枣树

酸枣树位于安西镇月花村，东临安西镇月花村秦河坝，西接邛崃县羊安镇仁和社区赵河坝，北连蔡埂村，南与永商镇隔河相望。酸枣树，据传，该树清同治年间由村民张长顺栽植。该地位于新津、邛崃交界处，地处月花村通往永兴场交通要道上，酸枣树这一俗称，遂成了老地名，传名至今。

余渡儿

余渡儿位于安西镇月花村，北临安西镇，南接永商镇，是安西镇、方兴镇至永商镇的重要交通要道。因余氏家族在此行船开渡而得名。该渡口明末清初为竹筏摆渡，康熙年间改制木船摆渡，1951年归新津县船坝工会管属，1979年由新津县航运公司移交铁溪乡月花村管属。2006年因建余渡大桥而拆渡。

宋河坝

宋河坝位于安西镇新漕村，东临晏河，南接南河，方圆1平方公里，以旱地居多。因宋姓人家聚居而得名。

烂马槽

烂马槽位于安西镇新漕村，东临安西镇宋林盘，西接安西镇张林盘。

传说该地曾陷落张献忠的坐骑，故名“烂马槽”。烂马槽全长约四千余米，南北宽约六百余米，覆盖土地约三千一百余亩，由于地势低洼，地下水位高，加之土质松软，排水不畅，天长日久，形成一块天然沼泽。中华人民共和国成立后，对烂马槽进行了改造。

秦河坝

秦河坝位于安西镇，因秦姓人集聚地得名。该地有秦祠堂，近年秦氏族人亦团聚此处，举办清明宗亲会等活动。

XINJINLISHIDIMING
MINGSHENGGUJILEI

新津印记

XINJINYINJI

XINJINLISHIDIMINGJICUI

新津历史地名集萃

新津历史地名

名胜古迹类

新津故事——一段古老传奇

观音寺

IMPRESSION OF ANCIENT TOWN

新津印记

观音寺始建于南宋淳熙八年(1181),几经沧桑,现仅存明代的毗卢殿、观音殿及清代山门。史学大师顾颉刚曾赞叹其古建、壁画、雕塑为三绝。其中毗卢殿壁画绘制精细,色彩华丽;观音殿塑像眉目传神,创意高妙,堪称我国佛教艺术瑰宝。2001年被列为全国重点文物保护单位。

观音寺观音殿北壁壁塑

观音寺观音殿“观音三大士”壁塑

观音寺毗卢殿普贤菩萨壁画

观音寺毗卢殿文殊菩萨壁画

新津故事——一段古老传奇

IMPRESSION OF ANCIENT TOWN

宝墩遗址

宝墩遗址位于新津县新平镇，地跨宝墩村、双石村、龙马村。遗址距今4500—4200年，面积约276万平方米，是我国长江上游地区时代最早、面积最大的史前城址。宝墩遗址的考古发现在1996年被评为全国十大考古发现之一。2001年6月25日，宝墩遗址由国务院公布为第五批全国重点文物保护单位。作为成都平原稻作文明发源地和城市文明起源地，宝墩遗址是成都平原迈进文明门槛的历史见证，也是研究古蜀文明和中华文明史的重要明证，被誉为“中华文明之光，长江上游文明之源”。

东
南
西
类型：成都平原史前城址群
宝墩遗址

新津

新津故事——一段古老传奇

IMPRESSION OF ANCIENT TOWN

纯阳观

新津印记

纯阳观亦称“古今第一忠孝儒林”，始建于清光绪年间，民国时扩建，格局谨严宏大，大忠庭、至孝亭、吕祖三丰殿等集古建大成，现为省级文物保护单位。主体建筑忠、孝二亭，三重檐八角攒尖盔顶式，高33米，恢弘崇丽，享有“武阳胜景，威震全川”之盛誉。观内极富园林特色，为川西名胜。

新津故事——一段古老传奇

IMPRESSION OF ANCIENT TOWN

胡家大院

新津印记

胡家大院位于金华镇五星村，建于1937年，原为国民党二十七军混成旅旅长胡玉笙私人居所，现为省级重点文物保护单位。胡家大院为二进制四合院，坐东向西，由门厅、过厅、正房、厢房等组成，典型川西民居式样，布局巧妙合理，庭院深深，素朴雅致。大院地处牧马山下，四周林木蔚然深秀，山色映衬，别有风情。

老子庙

IMPRESSION OF ANCIENT TOWN

新津故事——一段古老传奇

新津印记

老君庙，俗称老子庙，地处道教三祖圣地稠粳山(天社山)。其前身为东汉末年，张道陵所设立的稠粳治。唐代，在稠粳治遗址上修建了老君观，建筑规模和香火达到极盛。民间从此将稠粳山称为老君山。明末，张献忠乱蜀，老子庙毁于战火，清代、民国多次重修。现存殿宇建于1982年，依山布局，由混元殿、八卦亭、三清殿、斗姆楼、慈航殿、儒林祠等建筑组成，错落有效，环境优雅。中华人民共和国成立后，老子庙成为全真教龙门派道场，多次承办四川省“全真派冠巾大法会”。老子庙现为成都市级文物保护单位。

靈祖樓

玄裔弟子張至容敬選
胡林書

　　黄鹤楼于1931年由王陵基(曾任国民党“四川省政府主席”)组织募捐修建而成。仿武昌黄鹤楼形制,楼高30米,占地402平方米,单檐歇山式建筑,砖木结构,四周带檐廊。黄鹤楼为纯阳观前导建筑,与纯阳观忠、孝二亭遥相呼应,呈品字形格局。

新津故事——一段古老传奇

黄鹤楼

IMPRESSION OF ANCIENT TOWN

新津印记

新津故事——一段古老传奇

IMPRESSION OF ANCIENT TOWN

先主寺

新津印记

先主寺位于兴义镇先寺村，始建于唐代天宝二年(743)。此地原名“九龙口”，是百姓祈晴祷雨之地，故初建庙宇名大禹庙。后相传蜀汉先主刘备曾到此祈雨，遂更名先主祠，百姓呼为先主寺。

新津故事——一段古老传奇

IMPRESSION OF ANCIENT TOWN

大佛爷

新津印记

大佛爷，位于文井乡张场社区。传说，民国初年，社会动荡，恶霸张三横行乡里。壮士义七，身躯肥大，面如弥勒佛，打抱不平，消灭恶霸，后百姓遂塑像纪念之。原石雕大佛爷塑像，高约丈余，慈眉善目，坦胸露肚，体态雍贵，后于2008年重建。

新津印记

新津印记

新津故事——一段古老传奇

IMPRESSION OF ANCIENT TOWN

高祖寺

新津印记

高祖寺位于文井乡玉龙村，其前身为道观，始建于唐代。宋哲宗元祐八年(1093)，得时任蜀州知州赐名，始称高祖庙。后几经毁败，又几次重修，其规模已远逊从前。1907年，释心智与其弟子释源祥二位法师住锡该处，高祖庙方由道观转变为佛寺。自1983年起，多次对寺庙进行了重建或修复，并于1996年定名为高祖寺。

新津印记

新津故事——一段古老传奇

付涧漕

IMPRESSION OF ANCIENT TOWN

新津印记

付涧漕位于新平镇双石村，系灌溉渡槽名。1952年，由当地村民傅洪顺牵头，修一木质渡槽引水溉田，因名“付涧漕”，亦称“傅笕槽”，解决石埂村一千余亩农田用水，沿用至今。

新津故事——一段古老传奇

IMPRESSION OF ANCIENT TOWN

芦山营

新津印记

芦山营位于方兴镇白鹤村。原为寺庙，始建于明代初期，后逐渐扩修，据传庙宇遍及千功河沿岸达两里有余，占地数十亩。张献忠入川后，曾屯兵庙内，因此得名。1958年，庙宇被全部拆除。

新津印记

新津印记

新津故事——一段古老传奇

IMPRESSION OF ANCIENT TOWN

金花寺

新津印记

金花寺位于安西镇安西村，原名金花店，建于清康熙年间，因供奉金花太子而得名。1968年，因修建学校将庙宇拆毁。1997年重建，庙宇面积近40亩，农历每月20日为会期。

新津印记

新津故事——一段古老传奇

IMPRESSION OF ANCIENT TOWN

王庙子

新津印记

王庙子位于新津安西镇永丰村，原名太平寺，因王姓聚居附近得名。1973年因修建学校，将原建筑全部拆除，仅存黄桷树一株，现为永丰村老年协会活动地。

新津印记

IMPRESSION OF ANCIENT TOWN

金华古驿道

金华古驿道位于金华镇红岩村。古驿道建于清代，为旧时岳店子通牧马山要道，自20世纪中叶起渐废。红砂岩条石路面，间杂子母石。现存204米，宽近2米，上有车辙行迹，见证彼时行人络绎于道之风情。道中有叶店，店侧黄桷树，冠盖如云，行脚乡民常与此小憩。

龙马寺

龙马寺地处新平镇龙马村，曾为（原）龙马乡重要集市，以农副产品交易为主。

龙马寺原为明代古庙，因地貌得名（传说此处，地下有龙，庙宇东侧为龙头，宝墩为龙尾；寺庙周围地形又似一匹马的形状，形成龙、马相配之势）。明正统年间，修建龙马寺庙。清朝末年，住户增加，买卖日趋兴隆，名增盛场，此处更名为龙马寺街。1921年，改名为“龙安场”。1941年，龙马寺改为龙马寺小学，仅存大殿。1970年龙马寺庙全毁，改建成学校。

杨面房

杨面房位于新平镇龙马村，为杨氏家族聚居地，后有族人以手工磨粉、制作手工挂面为生，故名杨面房。民国末年，制面房停业。

狮子林

狮子林位于新平镇狮子社区，因此处曾有一对石狮子而得名。

望儿墩

望儿墩名称始于清代，位于方兴镇白鹤村。据传清朝初年，田氏来此处创业，同族数辈，人丁兴旺，唯一少妇田槐氏，数年无子，遂筑一土墩，高数尺，方圆三分有余，供村人唤子归。望儿墩由此得名。

李烧房

李烧房位于文井乡“李柏村”，因李家酿酒坊得名，已废。

石埂子

石埂子位于新平镇双石村，临大（邑）新（津）公路。因此地有两条长约1里的埂子，由泥土筑砌，故名。

根据最新考古发掘结果揭示，此土埂为宝墩遗址外城墙南段的一部分。

歇马店

歇马店位于兴义镇岷江村。相传蜀汉大将关羽一次行军至此，于该地安营扎寨。此后当地乡民将此地唤作“歇马店”。关羽节义千秋，兴义镇得名亦与此有关，取“兴盛仁义”之意。

谢大碑林

谢大碑林位于文井乡大明村，因谢姓家族坟地有大墓碑得名。现为县级文物保护单位。

袁庵子

袁庵子位于文井乡袁安村，袁姓人修建的古庙，名袁庵子。中华人民共和国成立后，庙宇被拆除，后演变为地名。

洪川庙

洪川庙位于花源镇洪川村，原为供奉李冰神像的古庙，清道光年间修建，已毁，后演变为地名。

董祠堂

董祠堂位于新平镇龙马村，董氏家族修建的宗族祠堂，故名。1958年曾为解放军驻地，故亦称兵站，现为花湖农庄。

吴庙子

吴庙子位于花源镇长乐村，又称积善庙，因吴姓人家修建古庙得名。曾为长乐大队驻地。1958年将之改为学校，现为家具厂。

尹家马道子

尹家马道子位于普兴镇骑龙村。清光绪末年，普兴人尹德芳，常与当地力大超群的邓山冈在此练武射箭，故名尹家马道子。

无粮寺

无粮寺位于普兴镇骑龙村境内。相传明代，该处曾有一座古庙，庙产仅贫瘠田地九亩，僧众生计困难，故名无粮寺。另据传，清末农民起义军首领蓝大顺曾率部到此，兵驻庙内，问此处地名，和尚答曰："无粮寺"，蓝大顺认为这是不祥之兆，因兵无粮则败，遂拔寨而起，并将庙烧毁。

徐家碾

徐家碾位于普兴镇徐家渡处。清时，为灌溉农田需要，徐氏在该处修建一水碾，故名徐家碾。1974年因建油厂，同时进行农田基本建设，将碾拆毁，但地名仍存。

岳坟

岳坟位于安西镇蔡埂村，原以岳姓墓地得名，因墓葬封土十分高大，故人们又称为"大坟包"。1987年，曾在此处发现汉代画像砖，现存放于新津县文管所。

大坟包

大坟包位于花源镇牧马山社区，因形状似坟茔的山丘，故名。

九龙树

九龙树位于花桥镇黄桷树社区。清代，当地有九株麻柳树，枝干相连，状似虬龙，甚雄壮，称九龙树，后演变为地名。

方井寺

方井寺位于花桥镇方井村。原为古场镇，该地宋朝时有云藏寺。相传寺侧有方井一口，遂以此命名。方井寺在宋代时为新津县东大镇，陆游曾有诗记之：晚离方井云藏寺，夜渡新津火照江。(《中夜投修觉寺》)明清时期，方井寺香火旺盛，为新津县东一景。民国后期，花园(今花源镇)的罗家场被洪水冲毁，迁至方井寺设市，后因位置偏僻，场期又常中断，1951年废市。

文昌宫

文昌宫位于永商镇车灌社区，因古庙内供有文昌帝君而得名，已消失，现为永商学校。

七星庙

七星庙位于永商镇七星村，因供北斗七星宿神像而得名，该庙“文化大革命”时期损毁。

焦严寺

焦严寺位于花桥镇焦严村。清乾隆年间,有焦、严二僧主建此庙,故名。1987年将庙宇改修为学校,2007年7月焦严村老协召集重建焦严寺。

王牌坊

王牌坊位于花桥镇蔡湾村。清光绪5年(1879),新津知县王树南治县有方,为政五年,四境平安,呈旨表彰德政,树立“百代流芳”德政坊,当地人称王牌坊。牌坊现已拆除,演变为地名。

龙岩寺

龙岩寺位于邓双镇金龙村,唐中和五年(885)由空寂禅师创修,明洪武年间重修,康熙年间再修。现已毁,后演变为地名。

宝峰寺

宝峰寺位于金华宝峰村,地处牧马山山麓,于清道光年间始建,因地处宝峰山得名,寓意为宝山寺庙。清末时期设有凤集义学,民国时为私立凤集小学地址,现改为金华中学,后演变为地名,系宝峰村名称来源。

XINJINLISHIDIMING
LISHIJIANZHULEI

新津印记

XINJINYINJI

XINJINLISHIDIMINGJICUI

新津历史地名集萃

新津历史地名

历史建筑类

新津印记

慈善公所照壁

新津故事——一段古老传奇

IMPRESSION OF ANCIENT TOWN

新津印记

慈善公所照壁，亦称慈善公署照墙，位于五津街道南江社区武阳南路，建于清咸丰七年(1857)，长25.4米、高8.5米、厚0.5米，现为县级文物保护单位。壁以砖砌，面饰花纹，筒瓦铺顶，典雅华丽，为新津清末极富代表性艺术墙。

新津故事——一段古老传奇

IMPRESSION OF ANCIENT TOWN

老南河大桥

新津印记

大桥横跨南河，故名。原桥建造于1960年，2012年重建，新桥全长410米，桥宽30米，双向4车道。老南河大桥结构新颖、造型美观，已成为新津县又一地标性建筑，为南河增添一道靓丽的风景线。

新津印记

新津故事——一段古老传奇

IMPRESSION OF ANCIENT TOWN

金马河大桥

新津印记

金马河大桥，原名岷江大桥，位于成乐大件路蔡湾段，横跨金马河，故名。桥连接五津街道与花桥镇，桥长598米，23孔，每孔跨径20米，桥面宽12米，设计负荷汽车超20级。

新津印记

新津故事——一段古老传奇

IMPRESSION OF ANCIENT TOWN

绿瓦殿

绿瓦殿位于新津中学校内，原为湖广会馆主宫殿，其殿宇顶铺翠色琉璃瓦，内供奉大禹神像，故又称禹帝宫绿瓦殿。修建于清康熙六十年(1721)，嘉庆六年(1801)培修。单檐硬山式建筑，面阔30米，进深18米，通高8.5米，高大宏丽，耀人眼目。湖广会馆是清代新津最早的会馆，由湖广移民集资兴建，见证了早期移民开拓新津的历史。

新津故事——一段古老传奇

吴糖坊

IMPRESSION OF ANCIENT TOWN

新津印记

吴糖坊，位于永商镇望江社区，因民国时期当地有一吴姓人家用大石磨轧压甘蔗制糖而得名。至“文革”时期，一直沿用传统人工熬制蔗糖，所制蔗糖色香味俱全，曾多次评为省级农副产品优质特产。2013年，该地商业开发，现为老码头特色文化街区。

新津故事——一段古老传奇

孙家大院

IMPRESSION OF ANCIENT TOWN

孙家大院位于永商镇永兴社区，为新津槐轩学派门人孙星五故居，现为县级文物保护单位。孙星五为槐轩创始人刘沅四大亲传弟子之一孙海山之孙。孙先生一生致力慈善，传扬槐轩文化，清誉满乡。其家曾开书塾，闻名遐迩，槐轩大学者刘咸炘为之题额“崇正书塾”。大院建于清光绪三十一年(1905)，四合院布局，厅堂、厢房、院坝保存完好，格调素朴，宁静幽远饶于乡风。孙家大院对研究本地区清朝时期民俗民风、建筑形制等具有重要价值。

福

新津印记

新津故事——一段古老传奇

IMPRESSION OF ANCIENT TOWN

不二寺

新津印记

不二寺，位于兴义镇波尔村。明代始建，清康熙年间重建，寺名强调“佛众生平等不二，不分彼此”的禅法思想，现庙已毁，后演变为自然村名（波尔村）。

新津故事——一段古老传奇

董大桥

IMPRESSION OF ANCIENT TOWN

新津印记

董大桥，位于新平镇董大桥村。1916年，因董姓人修建得名，桥头石柱上刻有“董大桥”三个繁体篆字。民国末年，刘文彩族人刘树成将该桥加宽，可通行汽车，并更名为“树德桥”。“文化大革命”时期，人民政府扩建成双车道，改建为柏油路，并易名“红卫桥”。

新津印记

新津故事——一段古老传奇

IMPRESSION OF ANCIENT TOWN

黄州会馆

新津印记

黄州会馆，位于新平镇太平社区太平街，建于清咸丰七年(1858)，由侨居太平场的湖北黄州商人集资新建。该馆系晚清新津花纱交易中心，商业辐射附近州县，由太平场棉商行会白花帮管理。黄州会馆为两进制四合院布局，内设万年台、水池、神殿，两侧为厢房，单檐歇山式建筑，穿斗梁架，门墙仿宫墙排列，高大严整。黄州会馆现为市级文物保护单位。

新津故事——一段古老传奇

万街

IMPRESSION OF ANCIENT TOWN

新津印记

万街,位于新平镇万街社区。地处新津至大邑县道上,古为集市,清代曾设万街铺于附近,后为一幺店(路边小驿站),有零星住户,皆姓万,故名。

新津印记

新津故事——一段古老传奇

IMPRESSION OF ANCIENT TOWN

王家砖桥

新津印记

王家砖桥位于金华镇砖桥村，清同治年间，由地主王氏用砖石修砌而成，故名。该桥跨度8米，宽4米，高度5米，由火砖拱成一孔桥，砖桥村因此得名。该桥沿用至2010年，后改建为公路桥。

新津故事——一段古老传奇

IMPRESSION OF ANCIENT TOWN

长兴桥

新津印记

长兴桥位于金华镇回龙村。清光绪二年(1876),由当地士绅漆辉安、李洪炳等筹划募捐修建,火砖拱砌,红石铺面,取长久兴旺发达之意,故名“长兴桥”。1968年该桥被洪水冲毁,后建便桥,沿袭至今。

新津印记

新津故事——一段古老传奇

IMPRESSION OF ANCIENT TOWN

覃庵子

新津印记

覃庵子，位于金华镇覃安桥旁。原名永兴寺，明代建造，取“永远繁盛昌荣、兴旺发达”之意。后因覃姓居士掌管该寺庙，遂改名覃庵子。后演变为地名，系覃安大队、覃安村名称来源。

新津故事——一段古老传奇

IMPRESSION OF ANCIENT TOWN

侯宝斋宅

新津印记

侯宝斋宅位于花源镇洪川村，为新津保路同志会会长侯宝斋私宅，故名。侯宝斋宅坐西朝东，占地面积173.8平方米，四合院布局，单檐悬山式屋顶，小青瓦屋面，穿斗式木结构，现仅存正厅一栋。侯宝斋宅现已列入成都市历史建筑保护名录。

花园后街
56附1
新津印记

新津故事——一段古老传奇

IMPRESSION OF ANCIENT TOWN

华民旅馆

华民旅馆，位于花源镇花源社区。清代始建，后用于旅馆经营。民国初年时任新津县哥佬会会长罗香廷，将原旅馆购置并改建，新命名为华民旅馆。该建筑坐西朝东，占地面积352平方米，单檐悬山式屋顶，小青瓦屋面，穿斗式梁架。华民旅馆是新津县发现的一所清代时期结构保存较完整的旅馆，具有重要的文物价值。

新津故事——一段古老传奇

IMPRESSION OF ANCIENT TOWN

白云寺

新津印记

白云寺位于花源镇牧马山社区，始建于明太祖三年(1371)，在“文化大革命”中被毁，1997年重新开放，现占地72亩。

觀音

新津故事——一段古老传奇

IMPRESSION OF ANCIENT TOWN

毛家渡大桥

新津印記

毛家渡大桥，位于花桥镇黄桷树社区。该地位于杨柳河尾水处，毛姓人家居多，故名毛家渡，桥也称之为“毛家渡大桥”。该桥原系新津知县宋灏率首事杨廷选等于清道光十一年(1831)倡捐募修，后被损毁。1968年在该处修建钢筋混凝土结构新桥，1992年重建排立式水泥钢筋混凝结构桥。

新津印记

新津故事——一段古老传奇

IMPRESSION OF ANCIENT TOWN

徐家渡大桥

新津印记

徐家渡大桥，位于花桥镇长春村，因该桥位于徐家渡，故名“徐家渡大桥”。1978年5月，该地建成水泥石拱桥，名“大治桥”，取当时政策宣传中“抓纲治国、大治天下”中“大治”之意。2005年，“大治桥”改称“徐家渡大桥”。

新津故事——一段古老传奇

IMPRESSION OF ANCIENT TOWN

积善桥

新津印记

积善桥位于花桥镇金桥社区，跨石马堰。始建于明代，后因桥与韦陀堂相连，故又称“韦陀堂桥”。清咸丰年间重建，1949年后拆除，后另建为钢筋混凝土桥。

新津故事——一段古老传奇

陈祠堂

IMPRESSION OF ANCIENT TOWN

新津印记

陈祠堂位于新平镇万街村，为陈氏家族祠堂，故名。陈祠堂修建于1916年，1962年拆除祠堂一部分，修太平公社打米厂。1981年太平乡镇府将其拆除修建太平玻璃厂，现仅存一栋二层阁楼。

新津故事——一段古老传奇

IMPRESSION OF ANCIENT TOWN

张大公馆

新津印记

张大公馆位于五津街道临江村。清康熙至道光年间，该地张氏子孙陆续修建了四处四合院，合称为张大公馆。1871年起，时任新津县盐务局局长张普山陆续从广西平乐县等地引进柚树于该地栽植，经过一百四十多年发展，目前，柚园占地约四百余亩，百年以上柚树有108株，现有大小柚树两万余株。

新津张大公馆

新津故事——一段古老传奇

IMPRESSION OF ANCIENT TOWN

岳家宗祠「月花祠堂」

新津印记

岳家祠堂，亦称月花祠堂，安西镇月花村岳氏族人宗祠。祠堂建于清末，四合小院，砖木结构，中间弧形大门，门楣及门两侧砖石雕饰纹样。大门左右，两堵弧形烽火墙。内设祭堂、寝堂，供奉岳氏祖宗牌位。祠堂粉墙黛瓦，素朴雅致。曾作校舍，今尚完好。

新津故事——一段古老传奇

IMPRESSION OF ANCIENT TOWN

天仙桥

新津印记

天仙桥，位于安西镇安西村，跨桤木河，乃方兴、安西两镇交界桥。传说当地土豪张贤文欲强抢桂氏之女晓丽为妻，母女二人不从，在桥上欲跳河自杀，突遇天仙搭救，后人将此桥取名为天仙桥。天仙桥于康熙年间由乡民李惜修建；乾隆年间，由耆民周公瑶重建。后屡毁屡修，2006年，当地政府重建钢筋混凝土平桥，桥长45米，宽2米。

新津故事——一段古老传奇

IMPRESSION OF ANCIENT TOWN

秦石桥

新津印记

秦石桥，位于安西镇，由秦氏家族承建，故名秦石桥。据《安西镇志》载，清乾隆初年（1736），安西镇秦氏先祖于秦林盘至秦坝子之水沟上架起一座木桥。清嘉庆2年（1797）因木腐桥朽，秦氏先祖筹资修建一座石桥（秦石桥）。2001年，由政府重建钢筋混凝土新桥，桥四墩三跨，长15米，宽8米。

新津印记

新津故事——一段古老传奇

IMPRESSION OF ANCIENT TOWN

新河桥

新津印记

新河桥位于安西镇新漕村宋河坝，东连新津县城。1958年，为防新津县粮站水患，于铁溪河下游新开河道用以防洪。2012年，新津县人民政府在新开河道上架钢筋混泥土拱形桥，取名为“新河桥”。

新津故事——一段古老传奇

晏河桥

IMPRESSION OF ANCIENT TOWN

新津印记

晏河桥位于安西镇新漕村，为安西新漕、永丰至太平、新津县城的重要交通要道。因桥架设于晏河两岸，故名。晏河桥始建于清嘉庆九年(1804)，后屡毁屡修，现桥系2011年重建。

新津印记

通济堰,亦称六门堰、蒲江大堰、馨堰、远济堰、桐梓堰,位于新津县邓双镇邓公社区宝资山山麓处,南河、西河和岷江汇流处。其灌区跨成都、眉山两市,灌溉新津、彭山、东坡、青神四(区)县8个镇、27个乡之中的320个自然村。通济堰肇始于西汉,经唐代重建,宋代扩修,形成了延续至近代的渠首枢纽,包括拦江大坝、引水渠堤、通航水缺、控制标准等工程设施的大致布置格局。通济堰之名始见于唐代,《新唐书·地理志》载,眉州通义郡彭山县"有通济大堰一,小堰十……"。通济堰是岷江流域古代少有的有坝引水工程。其拦河坝是我国历史上规模最大、运用时间最长的活动坝。其规模仅次于都江堰灌溉系统,已经为一方苍生造福了两千余年。

新津故事——一段古老传奇

通济堰

IMPRESSION OF ANCIENT TOWN

新津印记

新津故事——一段古老传奇

IMPRESSION OF ANCIENT TOWN

乌尤寺

新津印记

乌尤寺，位于邓双镇白云山文山村，原名祚缘寺，因地处乌尤山得名。寺周群峰拱卫、古木参天，环境清幽。相传创建于唐代，宋元时期最盛。该寺于元末、明末两度遭焚毁。清末民初，信众集资在原址复建，寺庙香火旺盛。寺内有明代成化七年石刻香炉一座。

命随心轉

新津故事——一段古老传奇

IMPRESSION OF ANCIENT TOWN

铁溪桥

新津印记

铁溪桥位于新平镇，东临太平，西接安西镇。古代，铁溪桥为汉源、雅安、云南南部及西域少数民族朝贡极其重要的交通要道。

三国时期，蜀国丞相诸葛亮于新津县铁溪河畔驻扎军匠造炉打造兵器，河面铁屑漂浮，河水被染成铁红色，故名铁溪河。明万历年三十八年(1610)，周绍稷父子出资于铁溪河始建砖桥以利行人，桥卷一洞，竣工后名金虹桥。清初，金虹桥毁，乾隆四年(1739)，知县李盛唐发动群众修建石桥两座，分跨铁溪河、桤木河，两桥左右分锁如虹，号“双虹桥”，又名铁溪桥。1949年铁溪桥为国民党的败军所毁。中华人民共和国成立后，在原址修木桥以利中国人民解放军往西进军西藏。1950年，改建成钢筋混泥土平桥。

新津故事——一段古老传奇

IMPRESSION OF ANCIENT TOWN

余波桥

新津印记

余波桥，曾名慢坡桥、渔波桥，位于邓双镇邓公社区邓公场，取意水流至此，已呈余波之势。桥始建于明代，石平桥，卷三洞，桥面左右砌石栏杆。现桥为1966年改建的钢筋混凝土公路平桥，全长34米，高7米，宽7米。余波桥跨通济堰，为通彭山、眉山之要津。

新津故事——一段古老传奇

IMPRESSION OF ANCIENT TOWN

岳店子

新津印记

岳店子位于金华镇岳店村，北与覃安村相接，东南与五星村相接，西邻岷江，与白果村隔河相望。明朝时，岳姓一先祖曾被蜀王招为驸马，后子孙定居金华镇(原金华乡)金花坝，在岷江边上集中修建居所，形成街巷，此地也因岳氏集聚而得名。

新津印记

杨家祠堂

杨家祠堂位于邓双镇何店村，为杨氏宗祠，故名。祠堂坐南向北，占地面积约198平方米，由门厅、厢房、正厅组成一个四合院，单檐悬山式屋顶，小青瓦屋面，穿斗式梁架结构，正厅面阔三间，面宽10.3米，进深4.9米，正厅和厢房墙壁上残存有十余幅孝子图。现为县级文物保护单位。

隆庆桥

隆庆桥位于新平镇仙鹤社区，跨十里堰，临东岳庙。清乾隆年间始建，石质平桥形制。清光绪时，东岳庙杨姓和尚利用捐资将之改建为石拱桥，两侧有石栏，桥头有石狮，并有土地祠一座，碑序一通。中华人民共和国成立后，土地祠与碑被拆除。

雷桥

雷桥位于花桥镇龚巷村。明代雷姓氏族迁徙至花桥雷河村,在原佳龙桥处重建一石拱桥,并将佳龙桥更名为雷桥,后演变为地名。

三道桥

三道桥位于文井乡张场社区,地处张场至大邑沙渠镇交通要道。因该处有三座石桥连接道路而得名,中华人民共和国成立后,桥被拆除。

姜牌坊

姜牌坊位于方兴镇方兴社区，清初为表彰姜子秀之妻青年孀居而建，名贞节牌坊，1968年拆除。

花碑

花碑位于方兴镇花碑社区，系墓碑。因石碑上有图案花纹，故名。碑高约丈余，石雕人物图案，背景为古战场，战场中人物活灵活现，栩栩如生，飞禽走兽，色彩斑斓，极为壮观。1965年，花碑被拆除。

李水碾

李水碾位于文井乡李柏村。民国时期，李姓族人在石头河修建一水碾，开五级槽口，为当时文井乡最大水碾，因此得名。中华人民共和国成立后，随着现代水利的发展，李水碾沟干水枯，碾坊改为榨油坊。

川主宫

川主宫位于文井乡张场社区。因祭祀川主李冰(战国时期水利家，公元前256至公元前251年被秦昭王任命为蜀郡太守)的庙宇而得名。川主宫始建于清乾隆年间，有戏台、前殿、正殿、厢房等建筑。清末，该处成为张场棉纱制品交易市场。1923年成为文井乡团练局、乡公所等机构驻地。中华人民共和国成立后，成为文井乡政府人民公社所在地。

江西馆

江西馆位于文井乡张场社区，馆内原有楠木林。江西馆，始建于清乾隆年间，为联络江西同乡而修建的会馆建筑。民国初，改为文井乡官立小学堂。中华人民共和国成立后，成为文井乡中心小学的校址。

杨祠堂

杨祠堂位于安西镇安西村，为杨氏家族祠堂，故名。始建于清乾隆年间，后有增修。1972年，拆除杨祠堂，新建铁溪中学（安西中学前身）。

真武观

真武观位于新平镇宝墩村龙马寺西北侧。观内供奉真武大帝，故名。民国初年，赵姓人从灌县背回“雨师”（二郎神）塑像，供在庙内，此后开始有不定期的庙会，祈雨求安。

迎先桥

迎先桥位于新平镇迎先村。原名“迎仙桥”，改建后称“迎先桥”，取“迎接先进”之意。清乾隆五十年（1785）由邑人捐资修建，原为石拱桥。1964年，因拱桥不便行车，将之改造为水泥平板桥。

王氏祠堂

王氏祠堂位于新平镇狮子社区，王氏家族宗祠，故名。王氏祠堂呈四合院格局，2007年因华润高中拆迁，王氏族人将祠堂迁入狮子社区。

王祠堂

王祠堂位于文井乡大明村(原永胜村),王氏宗祠,故名。始建于1919年,中华人民共和国成立后,该祠堂成为永胜村村委会办公场所,后被永胜小学征用。

邓瓦窑

邓瓦窑位于永商镇望江村。民国时期,有邓姓村民在此开设砖瓦窑得名,该砖瓦窑为私人作坊。人民公社时期,该砖瓦窑被改为石灰窑,1980年石灰窑停办废弃。

川主庙

川主庙位于金华镇白果村。清道光年间,乡人赵氏独资修建供奉川主的庙宇,亦名赵庙子,后演变为地名。1913年川主庙被改为小学校址,1936年重修,1976年拆除,1980年此处被洪水冲毁。

迴龙庵

迴龙庵位于金华镇回龙村。相传一条龙游经龙溪河时被斩,后为纪念这条龙,于康熙五十九年(1720)修了迴龙庵,嘉庆十三年(1808)又重修,"文化大革命"时期拆毁。2000年乡人募资重建,每逢初三、十九为庙会,该地据此命名为回龙村。

清凉寺

清凉寺位于金华镇清凉社区。寺庙建于康熙三十七年(1698),中华人民共和国成立后改为小学校址,1968年全部拆除,改建学校;2010年被天府新区建设园区征用。该地因清凉寺命名为清凉村(清凉社区)。

锁龙桥

相传清道光年间,新津县令宋灏,因不满金华岳教官(武举),遂哄嘱其在祖坟山上垒一土包,埝上建一石桥,埝下游竖一石柱,佯言可锁住龙脉,永保富贵,结果不但没有兴旺发达,反而越趋衰败, 该桥于1978年拆除。锁龙村因此桥得名,沿袭至今。

奇峰寺

奇峰寺位于金华镇云峰村境内,岷江东岸奇峰山上。寺庙坐落在奇峰山上,依山命名。1962年,被拆除。

刘染坊

刘染坊位于花源镇杨柳村，杨柳河畔。1924年村民刘述年在此开办染坊，因此得名刘染坊。1966年刘述年去世，染坊便无人经营，刘述年后人将房屋重建，染坊也就此消失。该地因地势较低，且邻杨柳河，成为杨柳村每年的重点防汛点。

徐桅杆

徐桅杆位于花源镇官林村。因该地有徐姓村民出仕为官，在其住地门前竖石桅杆做记，故名。

蓝祠堂

蓝祠堂位于方兴镇大安村，为蓝氏宗祠，故名。初建于1917年，1922年蓝氏族人、新津县著名实业家蓝尧衢开办新学，祠堂部分改为校舍。1969年在祠堂原址新建蓝林小学，后改办为方兴中学。

杨牌坊

杨牌坊位于兴义镇杨牌村。因明代新津人杨相为其母立“节孝坊”而得名。杨牌坊于民国晚期被拆除，后演变为自然村名。

界牌

界牌位于新津西界(现安西镇安西村)，西接邛崃羊安镇。新津与邛崃交界处有一界牌，清乾隆五十年(1785)，由新津县令孙树本立，因此得名。

熊炮房

熊炮房位于花源镇洪川村。中华人民共和国成立前，熊金鳌在此处开设制花炮的作坊，故名。

高筒车

高筒车位于普兴镇前锋社区。相传温姓人曾在此首建一大筒车，引杨柳河水灌溉农田127亩。筒车高达五丈八尺，为新津筒车之最，据此得名。